WITHDRAWN

Itacate de palabras mexicanas

Ediciones Destino

Itacate de palabras mexicanas

Juan Palomar de Miguel • Ilustraciones de Camilo Esquivel Reed

Diseño y Formación: Bernardo San Juan Burgoa
Primera edición por:
Ediciones Destino
© 2004, Editorial Planeta Mexicana, S. A. de C. V.
Av. Insurgentes Sur 1898, piso 11
Col. Florida
01030 México, D. F.
Impreso en México
I.S.B.N. 970-37-0094-2

Índice

El idioma es uno de nuestros más preciados valores, y los mexicanismos son adornos que engalanan, día a día, nuestra habla cotidiana. Con este pequeño muestrario de palabras que usamos en México pretendemos sembrar en el corazón de los niños la curiosidad por nuestras lenguas y a la vez un impulso de amor hacia lo mexicano.

Un mexicanismo es aquella palabra propia de los mexicanos. Lo cual no implica que se use en México exclusivamente. El Diccionario de la Real Academia señala como propias de México las palabras que se usan hasta en otros seis países más, como en el caso de expendio. Nosotros hemos restringido ese criterio a palabras que se usan sólo aquí y en otros tres países, aunque hemos considerado a Centroamérica como un solo país, por poseer en su conjunto una unidad cultural y lingüística muy homogénea.

La mayoría, quizás, de estos mexicanismos ya son conocidos por los niños y todos están explicados en el "Glosario de mexicanismos" que está al final del libro.

Hablemos de mexicanismos

capulín

cempasúchil

acocote

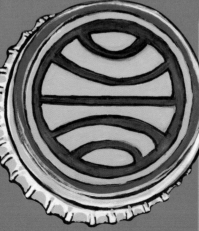
corcholata

cocol

mecate

mezquite

tambache

9

petaca

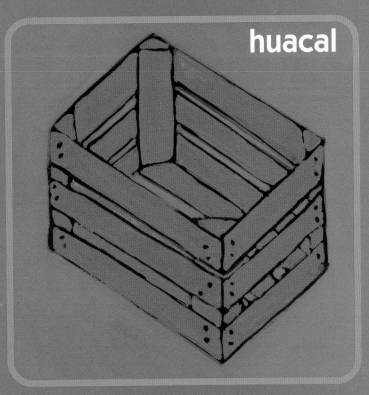

huacal

Palabras para bebés

chilpayate

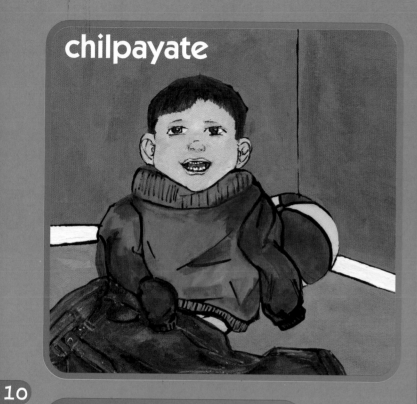

chambrita

pilmama

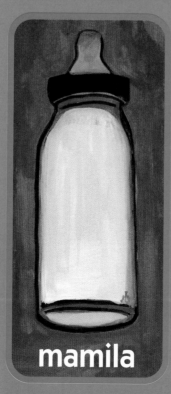

mamila

pininos

mameluco

xocoyote

chupón

nana

carriola

¡Vamos a la escuela!

cascarita

jardín de niños

engargolado

mochila

tache

bebedero

astabandera

banda de guerra

crayola

portabandera

Aves de México

chachalaca

guajolote

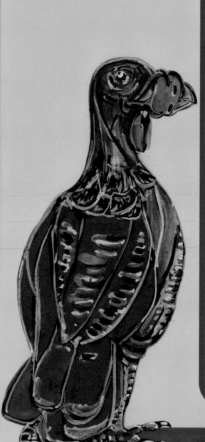

guacamaya

quetzal

cenzontle

chichicuilote

quechol

chupamirto

tecolote

aura

¿Cómo son estos animales?

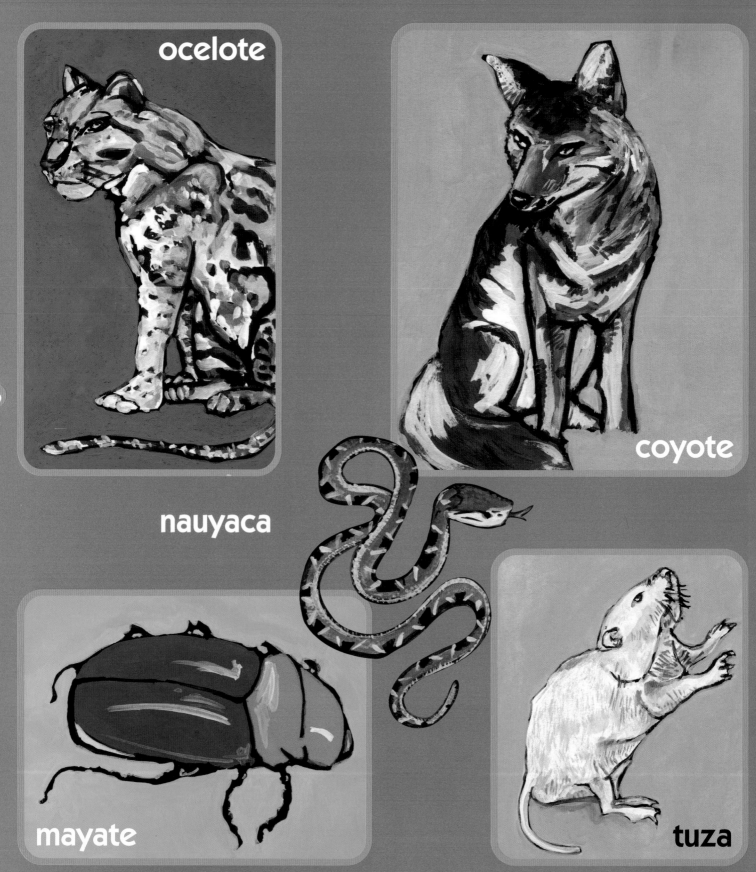

ocelote

coyote

nauyaca

mayate

tuza

16

tlacuache

chapulín

catarinita

ardilla voladora

zorrillo

¡Cuántas cosas hay en la casa!

burro de planchar

mechudo

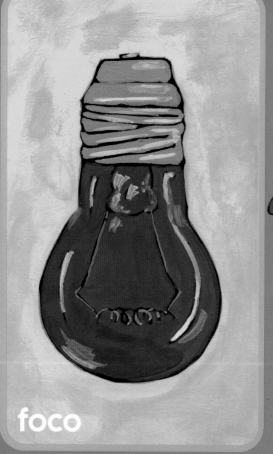

foco

alebrije

apagador

buró

petate

tinaco

librero

tiliches

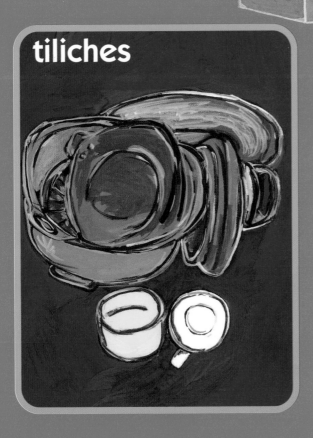

¡Qué bien huele en la cocina!

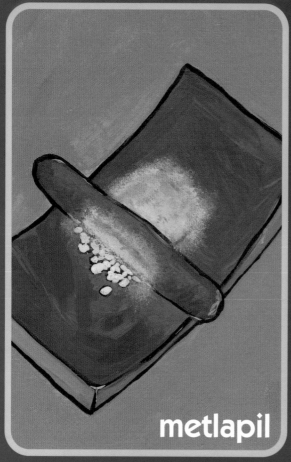

metlapil

molcajete

bule

metate

comal

apaste

tenamaste

guaje

tejolote

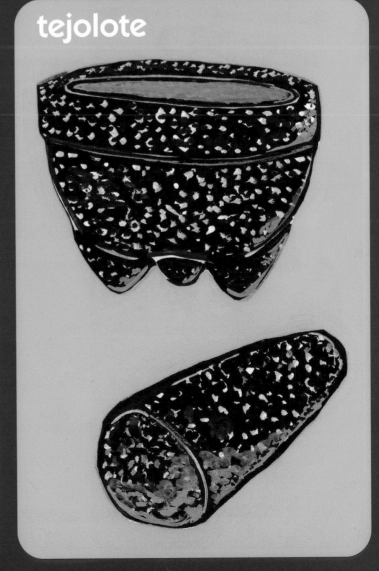

tecomate

¡Exquisita la comida mexicana!

mole

tinga

menudo

nopalitos

frijoles de la olla

22

chilaquiles

chiles en nogada

guacamole

23

pozole

alambre

¡Sabrosos panes!

alamar

banderilla

ojo de
Pancha

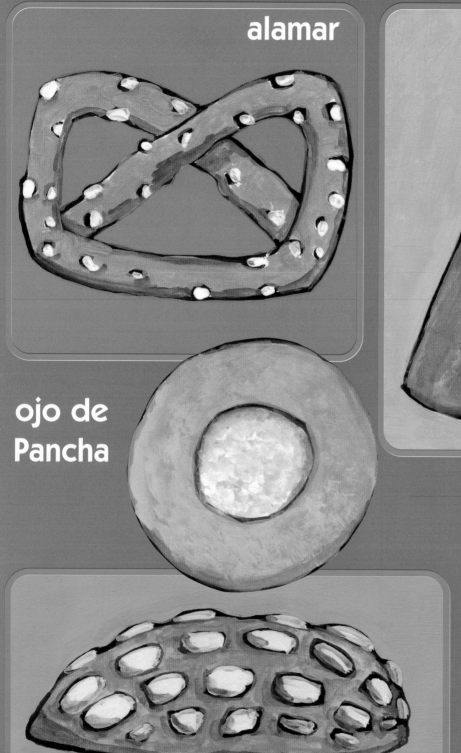

trenza

concha

pambazo

cuerno

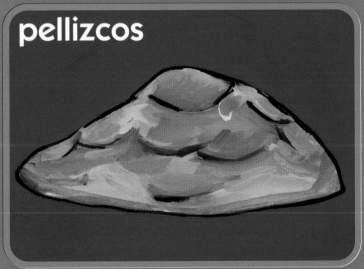

pellizcos

piedra

soleta

Con esto cocina mi mamá

aguacate

chile

chayote

chinchayote

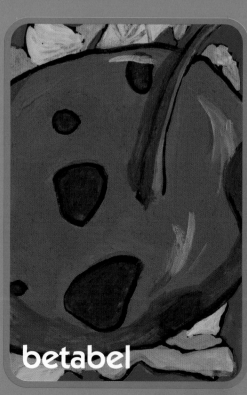
betabel

elote

jitomates

27

hierbasanta

epazote

cacahuacintle

Alimentos que se hacen con maíz

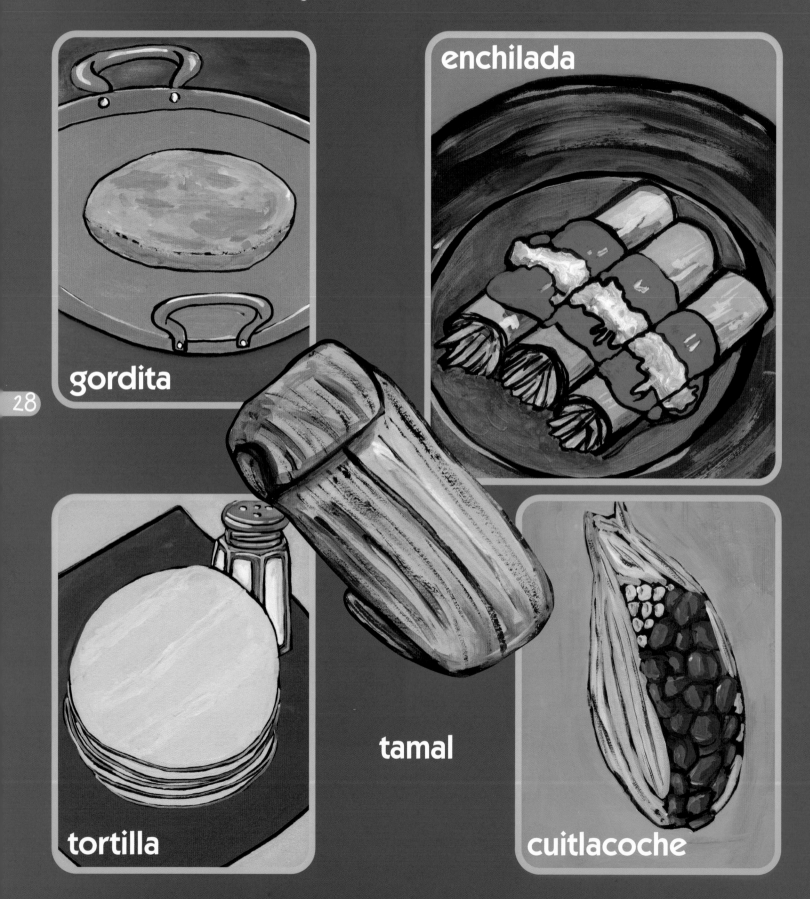

enchilada

gordita

tortilla

tamal

cuitlacoche

panucho

chalupa

quesadilla

tlacoyo

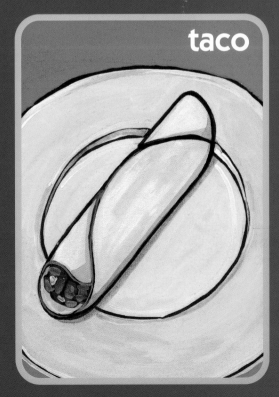

taco

Ricos postres y golosinas

muégano

jamoncillo

cajeta

cacahuate

alegría

acitrón

charamusca

chongos
zamoranos

31

palanqueta

chicle

Bebidas para todos los gustos

champurrado

atole

agua de jamaica

chía

rompope

pinole

chilatole

33

tepache

jocoque

licuado

Cómo vestimos y calzamos

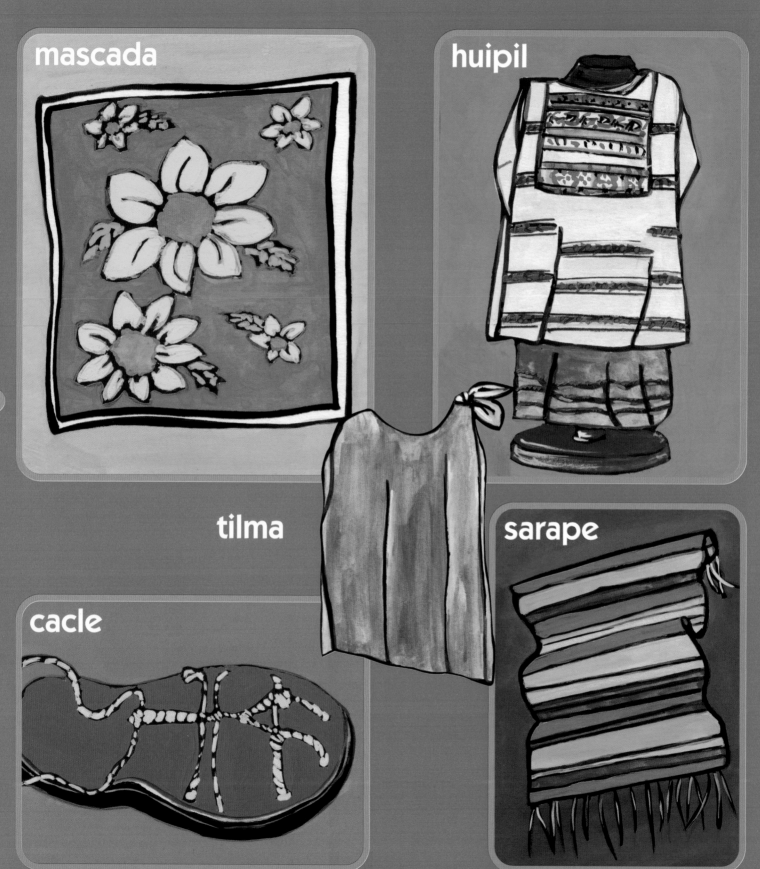

mascada

huipil

tilma

sarape

cacle

tápalo

huarache

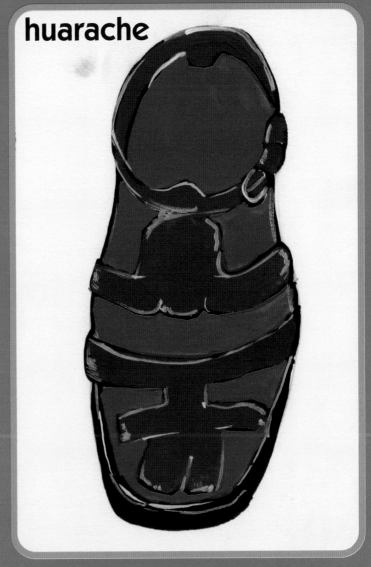

cotón

corbata de moño

paliacate

¿Qué veo en la calle?

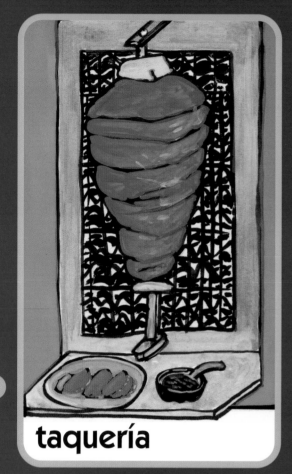

taquería

hoyanco

banqueta

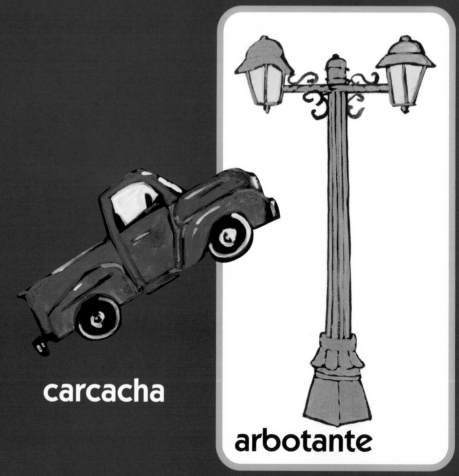

carcacha

arbotante

tianguis

changarro

chapopote

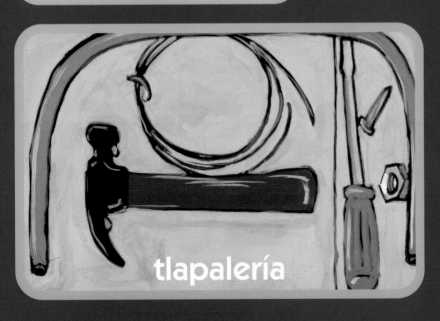

tlapalería

tortillería

¿Conoces estos oficios?

mesera

abarrotero

voceador

afanadora

bolero

velador

tortillera

39

cilindrero

tlapalero

viene-viene

Un viaje por el campo

jacal

pisca

cenote

milpa

oyamel

40

huisache

nopalera

jitomatal

achiote

quelite

Diversión en el parque

ahuehuete

pasto

camotero

jacaranda

subeibaja

pirul

globero

resbaladilla

colorín

paletero

¿Cuál es tu juego favorito?

resortera

las escondidillas

papalote

machincuepa

rehilete

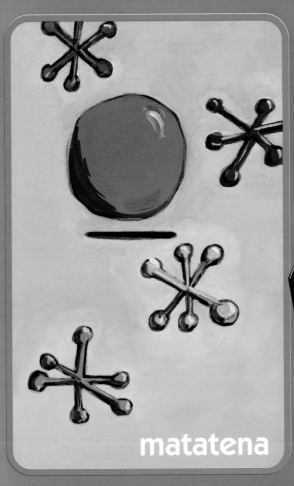

matatena

pirinola

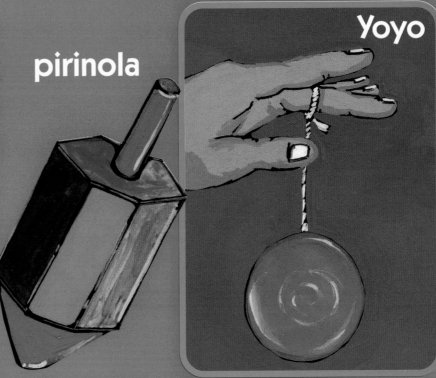

Yoyo

los encantados

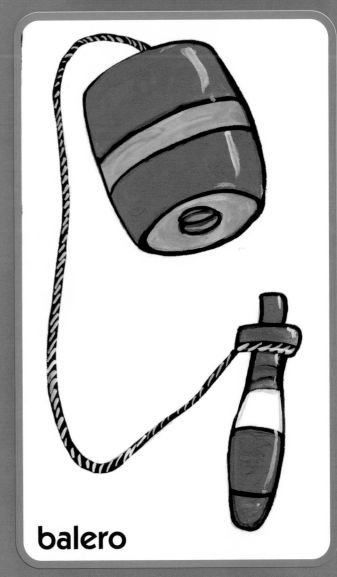

balero

Glosario de mexicanismos

Abarrotero.	Dueño de una tienda de abarrotes.
Achiote.	Arbusto de flores rosadas, cuyas semillas dan una sustancia colorante.
Acitrón.	Tallo descortezado y confitado de la biznaga, empleado en viandas agridulces y salidulces.
Acocote.	Cierta calabaza con la que se extrae por succión el aguamiel del maguey.
Afanadora.	Mujer que realiza en establecimientos públicos labores de limpieza o semejantes.
Agua de jamaica.	Bebida refrescante y diurética preparada con los cálices de la planta llamada jamaica.
Aguacate.	Fruto del árbol de su nombre, de pulpa aceitosa, suave y alimenticia.
Ahuehuete.	Árbol de tronco corpulento, elegante, y que puede vivir hasta 700 años.
Alamar.	Pan dulce que sugiere la forma del broche cuyo nombre lleva.
Alambre.	Trozos de carne ensartados en una varilla metálica y asados en ella.
Alebrije.	Figurilla de cartón, en colores vivos, con la forma de animales o demonios.
Alegría.	Dulce en pasta, que se prepara con la semilla del amaranto y piloncillo.
Apagador.	Interruptor de la corriente eléctrica.
Apaste.	Especie de palangana de barro, con dos asas, para almacenar y refrescar el agua.
Arbotante.	Farol que se pone en las plazas y paseos públicos.
Ardilla voladora.	La que utiliza a manera de alas unas expansiones que tiene en su cuerpo.
Astabandera.	Palo a cuyo extremo o en medio se pone una bandera.
Atole.	Bebida hecha con harina de maíz disuelta en agua o en leche.
Aura.	Quebrantahuesos, ave con cresta larga detrás de la corona.
Balero.	Juguete constituido por una pequeña esfera con agujero y un palito para insertar.
Banda de guerra.	Conjunto escolar de tambores y cornetas que ameniza los actos solemnes.
Banderilla.	Pan dulce en forma de vara larga y aplanada.
Banqueta.	Acera de la calle a orillas de la fila de casas.
Bebedero.	Fuente en edificios públicos para beber agua potable.
Betabel.	Planta herbácea de raíz voluminosa, muy estimada como alimento.
Bolero.	Hombre que se dedica a limpiar y lustrar botas y zapatos.
Bule.	Vasija hecha con el epicarpio de la planta del mismo nombre.
Buró.	Mueble pequeño que se coloca al lado de la cama.
Burro de planchar.	Armazón desplegable, que sirve para planchar sobre él.
Cacahuacintle.	Variedad de maíz, de grano más grande, blanco y suave.
Cacahuate.	Semilla del fruto de la planta de su nombre, que resulta apetitosa después de tostada.
Cacle.	Calzado tosco de suela gruesa, que sujeta el pie por medio de correas o de fibras vegetales.
Cajeta.	Dulce que se hace con leche de cabra, azúcar y glucosa.
Camotero.	Hombre que vende camotes, generalmente con un carrito por la calle.
Capulín.	Fruta parecida a la cereza.
Carcacha.	Vehículo viejo y medio desvencijado, aunque todavía en uso.
Carriola.	Cochecito para pasear a los niños pequeños.
Cascarita.	Partido informal de futbol.
Catarinita.	Coleóptero pequeño y de color rojo.
Cempasúchil.	Flor de muerto, hierba con flores de olor penetrante.
Cenote.	Depósito de agua, proveniente de corriente subterránea, en forma de pozo ancho y profundo.
Cenzontle.	Pájaro de voz muy variada y una extensísima gama de sonidos.
Chachalaca.	Ave originaria de México, que grita desaforadamente al volar.
Chalupa.	Torta de maíz pequeña, gruesa y ovalada, con algún condimento encima.
Chambrita.	Chaquetita para bebés, tejida de estambre.
Champurrado.	Bebida compuesta de chocolate con atole y piloncillo.
Changarro.	Tendejón, tienda pequeña y modesta.
Chapopote.	Asfalto, más o menos espeso, que se pone como firme en las calles.
Chapulín.	Insecto de color verde que se mueve a grandes saltos.
Charamusca.	Confitura en forma de tirabuzón, hecha de azúcar y otras sustancias y acaramelada.
Chayote.	Fruto del chayo, que se prepara de múltiples formas en la cocina mexicana.
Chía.	Refresco que se prepara con el mucílago de la planta llamada chía, con azúcar y jugo de limón.
Chichicuilote.	Ave zancuda comestible, que se congrega en grupos a la orilla del mar.
Chicle.	Pastilla masticable, que se hace de la gomorresina del chicozapote.
Chilaquiles.	Guiso de tortillas de maíz despedazadas y cocidas en caldo de chile.
Chilatole.	Bebida de atole de maíz con chile, epazote y dulce.
Chile.	Planta que produce un fruto de sabor más o menos picante, excelente condimento.
Chiles en nogada.	Platillo que se prepara rellenando chiles con picadillo y otros ingredientes.
Chilpayate.	Niño de corta edad.
Chinchayote.	Raíz del chayote, que se come hervida.
Chongos zamoranos.	Dulce de leche cuajada, azúcar, huevo y canela.
Chupamirto.	Colibrí.
Chupón.	Chupete, chupador que se le da a los niños.
Cilindrero.	Músico ambulante que va tocando el cilindro por las calles.

Cocol. Panecillo en forma de rombo.

Colorín. Árbol con tallo espinoso, follaje frondoso y flores de color rojo vivo.

Comal. Utensilio para cocer tortillas y tostar granos.

Concha. Pan dulce en forma de semiesfera, con estrías que le dan forma de concha marina.

Corbata de moño. La que se anuda por delante en forma de moño.

Corcholata. Tapa de hojalata que se pone por presión a la botella.

Cotón. Vestidura de jerga, de una sola pieza, con abertura para meter la cabeza.

Coyote. Especie de lobo de color gris amarillento, peculiar por su aullido.

Crayola. Lápiz compuesto de un material colorante y cera.

Cuerno. Pan dulce en forma de media luna.

Cuitlacoche. Hongo parásito que ennegrece los elotes tiernos y los hace sabroso manjar.

Elote. Mazorca tierna de maíz.

Enchilada. Tortilla de maíz rellena de diversos manjares y aderezada con chile.

Engargolado. Encuadernación de un libro con una espiral de plástico.

Epazote. Hierba silvestre, olorosa, que se usa en guisos y en medicina.

Foco. Bombilla, globo de cristal para alumbrar.

Frijoles de la olla. Los que se hierven en olla de barro y se les añaden ciertos condimentos.

Globero. Persona que va vendiendo globos por calles y parques.

Gordita. Tortilla de maíz más gruesa que la común.

Guacamaya. Especie de papagayo, del tamaño de una gallina y plumaje muy vistoso.

Guacamole. Ensalada de aguacate, jitomate, cebolla y chiles verdes.

Guaje. Vasija lisa hecha con el epicarpio de ciertas plantas.

Guajolote. Ave de hermoso plumaje, que se cría para aprovechar su carne.

Hierbasanta. Hojas de un arbusto, que se usan como condimento de tamales, pescados, etc.

Hoyanco. Bache grande, sobre todo en los lugares de tránsito vehicular.

Huacal. Caja de varas o tablas delgadas, en forma de jaula.

Huarache. Sandalia tosca de cuero, evolucionada actualmente a calzado cómodo.

Huipil. Túnica blanca de algodón, descotada, sin mangas y con vistosos bordados.

Jacal. Choza, generalmente de adobe, con techo de paja o de tajamanil.

Jacaranda. Árbol de tallo recto, ramas horizontales y ascendentes, y semillas aladas.

Jamoncillo. Dulce de leche, que se suele presentar cortado en barritas.

Jardín de niños. Escuela para niños de cuatro a seis años.

Jitomatal. Plantío de jitomates.

Jitomate. Fruto de la planta de su nombre, jugoso y comestible.

Jocoque. Preparación con leche agriada, semejante al yogurt.

Las escondidillas. Juego del escondite.

Librero. Mueble con estanterías para colocar libros.

Licuado. Bebida que se prepara, con fruta, leche, huevo, etc., en la licuadora.

Los encantados. Juego en que unos niños persiguen a otro.

Machincuepa. Voltereta en el aire.

Mameluco. Vestido cerrado, de una pieza, que se pone a los niños muy pequeños.

Mamila. Biberón.

Mascada. Pañuelo de seda que se lleva como adorno.

Matatena. Juego en que se tira al aire una pieza de algo, mientras se recoge otra del suelo.

Mayate. Escarabajo de distintos colores y de vuelo regular.

Mecate. Cuerda de henequén, pita u otra fibra dura.

Mechudo. Utensilio para fregar los pisos.

Menudo. Guiso hecho con pedazos de estómago de vaca, ternera o carnero.

Mesera. Camarera que sirve en los cafés, restaurantes, etc.

Metate. Piedra apoyada en tres pies, para moler maíz y otros granos.

Metlapil. Rodillo de piedra con que se muele en el metate.

Mezquite. Árbol con espinas fuertes y duras en las ramas, y muchas aplicaciones.

Milpa. Terreno para el cultivo del maíz y a veces de otras semillas.

Mochila. Bolsa o morral en que los escolares llevan sus útiles a la escuela.

Molcajete. Mortero para moler chile o especias, para hacer salsas.

Mole. Guiso de carne cuya salsa se hace con chile y otros ingredientes.

Muégano. Dulce que se prepara con harina de trigo y huevos batidos.

Nana. Niñera, sirvienta destinada a cuidar niños.

Nauyaca. Serpiente muy venenosa, de más de dos metros de largo.

Nopalera. Terreno o campo poblado de nopales.

Nopalitos. Guiso de hoja tierna de nopal.

Ocelote. Mamífero carnívoro que trepa con facilidad a los árboles.

Ojo de Pancha. Pan oval con una especie de pupila arriba formada por azúcar horneada.

Oyamel. Árbol de copa cónica, aprovechable por su madera y como "árbol de Navidad".

Palanqueta. Golosina que se hace con miel de cacahuates, nueces o pepitas de calabaza.

Paletero. Hombre que vende paletas de dulce o helado.

Paliacate. Pañuelo grande, generalmente de vivos y abigarrados colores.

Pambazo. Pan ovalado y muy esponjado, con grietas en la parte superior.

Panucho. Par de tortillas de maíz unidas, rellenas de frijoles y picadillo.

Papalote.	Juguete que, sujeto por un hilo largo, se lanza al aire para que vuele.
Pellizcos.	Pan dulce en forma de cocol estrecho, con protuberancias que sugieren pellizcos.
Pasto.	Césped, hierba menuda.
Petaca.	Maleta o baúl, por lo general portátil.
Petate.	Esterilla de palma para dormir sobre ella.
Piedra.	Pan de forma y textura muy irregular, de color café oscuro.
Pilmama.	Nodriza, niñera, ama de cría.
Pininos.	Primeros pasos, todavía vacilantes, que da el niño.
Pinole.	Bebida que se prepara con harina o polvo de maíz tostado, batido en agua.
Pirinola.	Perinola de forma octogonal por arriba.
Pirul.	Árbol frondoso, de tronco ramificado y algo tortuoso, y ramas jóvenes colgantes.
Pisca.	Recolección de frutos, sobre todo de maíz y de algodón.
Portabandera.	Abanderado, persona que lleva la bandera.
Pozole.	Guisado de maíz tierno, carne de cabeza de puerco y chile.
Quechol.	Cucharón, ave zancuda con penacho eréctil en forma de moño.
Quelite.	Hierba silvestre comestible cuando es tierna.
Quesadilla.	Empanada de maíz rellena de queso, cocida en comal o frita en manteca.
Quetzal.	Pájaro de hermoso plumaje, una de las aves más bellas del mundo.
Recamarera.	Criada que se encarga del aseo y arreglo interior de una casa o de un hotel.
Rehilete.	Juguete en que en la punta de una varilla hay una estrella de papel que gira con el viento.
Resbaladilla.	Deslizadero por el que los niños se dejan resbalar por diversión.
Resortera.	Horquilla con dos tiras de hule unidas por una badana, para disparar piedrecillas.
Rompope.	Bebida hecha con yemas de huevo batidas, leche y azúcar, mezclado con licor.
Sarape.	Frazada de lana o colcha de algodón, que sirve de capote o de cobija.
Soleta.	Galletas porosas de forma oblonga, colocadas en un rectángulo de papel.
Sope.	Tortilla gruesa de maíz frita, con picadillo de carnitas encima.
Subeibaja.	Juego en el que una barra larga se apoya sobre un eje horizontal y hace de balanza.
Tache.	Tachón sobre lo escrito para borrarlo o reprobarlo.
Taco.	Tortilla enrollada que lleva dentro carne, frijoles o algún otro alimento.
Tambache.	Montón, conjunto de cosas sin orden unas encima de otras.
Tamal.	Empanada de masa de harina de maíz, con carne u otros ingredientes dentro.
Tápalo.	Chal, mantón o rebozo con que se tapan las mujeres la cabeza o el rostro.
Taquería.	Lugar donde se venden tacos para comer.
Tecolote.	Búho.
Tecomate.	Vasija de barro a manera de taza honda.
Tejolote.	Mazo de piedra para machacar sobre el molcajete.
Tenamaste.	Fogón formado por tres piedras, para cocinar alimentos.
Tepache.	Bebida fermentada que se hace con el jugo y la cáscara de diversas frutas.
Tianguis.	Mercado, sitio público en que se venden, compran o permutan bienes o servicios.
Tiliches.	Trebejos, cachivaches, trastos de escaso valor.
Tilma.	Cobija que llevan los hombres del campo a modo de capa, con una abertura para la cabeza.
Tinaco.	Depósito para almacenar el agua de las casas.
Tinga.	Guiso de carne de puerco deshebrada, chipotle, aguacate, queso y especias.
Tlacoyo.	Tortilla gruesa de maíz rellena de frijoles u otro alimento.
Tlacuache.	Marsupial de color amarillo sucio, de cola larga, sin pelo y prensil.
Tlapalería.	Tienda donde se venden pinturas, material eléctrico, herramientas, etc.
Tlapalero.	Dueño de una tlapalería o que comercia en este ramo.
Tortilla.	Pan redondo y plano que se hace de masa sin levadura de harina de maíz.
Tortillera.	Mujer que hace o que vende tortillas.
Tortillería.	Establecimiento donde se hacen o se venden tortillas.
Trenza.	Pan en forma de trenza, suave por dentro y dorado por fuera.
Tuza.	Mamífero roedor que cava galerías subterráneas.
Velador.	Vigilante de un edificio en construcción.
Viene-viene.	Hombre que cuida vehículos en la calle y ayuda a acomodarlos.
Voceador.	El que vende periódicos en la calle.
Xocoyote.	Hijo menor o último de una familia.
Yoyo.	Juguete consistente en dos discos unidos por un eje, que se hace subir y bajar con una cuerda.
Zorrillo.	Mamífero de cuerpo rechoncho, que se defiende con una descarga de ácido pestilente.